COLLECTION INCISES
dirigée par Agnès Rauby

Bestiaire nietzschéen

L'ÉDITION ORIGINALE DE *BESTIAIRE NIETZSCHÉEN* A ÉTÉ TIRÉE À 30 EXEMPLAIRES EN GRANDES MARGES, NUMÉROTÉS ET SIGNÉS AU COLOPHON : 20 EXEMPLAIRES DE 1 À 20, ENRICHIS D'UNE PAGE AUTOGRAPHE DE MICHEL ONFRAY, 6 EXEMPLAIRES RÉSERVÉS À L'AUTEUR, MARQUÉS DE A À F, ET 4 EXEMPLAIRES RÉSERVÉS À GALILÉE, MARQUÉS DE H.-C. I À H.-C. IV.

ISBN 978-2-7186-0912-6 ISSN 1242-8434

www.editions-galilee.fr

Michel Onfray

Bestiaire nietzschéen

Les animaux philosophiques

Éditions Galilée

« Ce sont mes animaux! »
dit Zarathoustra,
et il se réjouit de tout cœur.

F. Nietzsche,
Ainsi parlait Zarathoustra.

Première partie

Bêtes humaines

L'agneau

L'aigle fond sur l'agneau
Animal de sacrifice.

Il faut alors :

Le dépecer
L'aromatiser de sauge
Cuire les racines
Manger les fruits
Briser les noix
Comme les énigmes.

Puis :

En nourrir le philosophe
À l'estomac d'oiseau.

L'âne

Je suis l'anti-âne par excellence.

F. NIETZSCHE,
Ecce Homo, II, 1148.

Redevenus pieux
Agenouillés
Tous s'étaient retrouvés
Autour de l'âne :

Le pape
Les deux rois
Le sinistre enchanteur
Le mendiant volontaire
Le voyageur et son ombre
Le vieux devin
Le consciencieux de l'esprit
Le plus laid des hommes.

Chacun offre un péan à l'animal.
À la fin
L'âne brait.

Porteur de fardeaux
Serviteur obéissant
Patient de cœur
Insignifiant dans le monde
L'âne
Ne dit jamais non
L'âne ne dit jamais oui.

Innocent
Il ignore l'innocence.

Gris de robe
Il enveloppe toutes ses vertus de gris
Il *est* gris.

Chacun croit à ses longues oreilles.

L'âne a créé le monde à son image.
Autrement dit :
Aussi bête que possible.

L'âne ne repousse jamais personne
Ni les rois
Ni les mendiants.

L'âne suit des chemins détournés.

L'âne laisse venir à lui les petits enfants.

L'âne se laisse séduire par les pécheurs.

L'âne aime les ânesses
L'âne aime les figues fraîches.

Hi-han, hi-han…
Dit l'âne.
Dix fois il dit hi-han, hi-han…
Vingt fois
Trente fois
Cent fois.

Zarathoustra déteste l'âne.

L'araignée

Pour les deux amis
Dehors
Dans la nuit :

La lune brille
Un chien aboie
L'araignée tisse sa toile.

Or :

Cette lune a déjà brillé
Ce chien a déjà aboyé
Cette araignée a déjà tissé cette toile.

Car :

Cette lune brillera encore
Ce chien aboiera encore
Cette araignée tissera encore cette toile.

La même lune
Pour la même brillance.

Le même chien
Pour le même aboiement.

La même araignée
Pour la même toile.

Tout ce qui est
A déjà été.

Tout ce qui sera
A déjà été.

Tout ce qui est
A été
Et sera
De la même manière.
Exactement

Éternellement
Les deux amis
Seront dehors
Dans la nuit.

L'autruche

Dans la lourde terre
L'autruche plonge la tête.

Elle court vite
Mais ne voit rien

Comme l'homme
Avant le surhomme.

La brebis

La brebis broute
La couronne de laurier
De Zarathoustra endormi.

Animal de troupeau
Elle croit ainsi
Lui ôter sa sagesse.

Puis elle part
Dédaigneuse et fière.

L'aigle s'en saisit
La porte à travers ciel.

Puis la pose
Au chevet du poète endormi.

Le buffle

Le mufle
Du buffle
Fouille le marigot.

Laid
Le buffle
Regarde le paon.

Vaniteux
Le paon
Ignore le buffle.

Le chat

Silencieux
Rusé
Fourbe
Le chat de gouttière
Épie par les fenêtres.

Déloyal
Hypocrite
Hésitant
Le chat de gouttière
Rampe ventre à terre.

Circonspect
Sournois
Dissimulé
Le chat de gouttière
Avance de manière tortueuse.

Pieux
Silencieux
Jaloux
Le chat de gouttière
Est moine dans la lune.

Furtif
Envieux
Caché
Le chat de gouttière
Glisse sur un tapis d'étoiles.

Paresseux
Jouisseur
Gourmand
Le chat de gouttière
Est femme, vache, oiseau.

Le tonnerre est préférable.

Le bruit aussi
Et les outrages.

La chauve-souris

À l'entrée de la caverne
Devant les fourrés
Étourdi
Incertain
L'enfant fait s'envoler
Hiboux
Et chauves-souris.

Zarathoustra le suit en dansant.

Le chameau

Le chameau réclame la charge
Il exige la souffrance.

Il dit :
« Tu dois ».

Il veut :
Le fardeau le plus lourd
Le plus lourd des fardeaux.

Il veut :
Humilier son orgueil
Moquer sa sagesse.

Il se nourrit de glands
Pour avoir faim.

Il aime qui le méprise
Pour souffrir.

Chargé
Souffrant
Humilié
Affamé
Méprisé
Il part vers le désert.

Il y rencontre le lion.

Alors
Le lion efface le chameau.

Le chien

Jadis
Il était loup
Le chien.

Sauvage et hurleur
Libre et fort
Puissant et magnifique.

Aujourd'hui
Humble et craintif
Il se met sur le dos.

Il attend les caresses
Il est devenu domestique.

Comme est devenu domestique
L'homme pour l'homme.

Le chasseur excite ses chiens les plus féroces
Contre les loups qui aiment la liberté.

Le chien regarde la vie
La langue pendante
Avec convoitise.

Le chien hurle la nuit
Le cœur tremblant
Avec effroi.

Le chien garde les troupeaux
Le poil hérissé
Avec soumission.

Jadis
Dans sa cave
Zarathoustra avait des chiens

Sauvages et hurleurs
Libres et forts
Puissants et magnifiques.

Aujourd'hui
Il les a transformés en oiseaux

Puis il les a libérés.

Le cochon

Volupté impure de la félicité
Le cochon veut envahir tous les jardins.

Pour le porc
Tout est porc.

Le porc courbe l'homme
Il l'abaisse et l'asservit
Il lui met le ventre à terre
Plus et mieux, même, que le serpent.

Le cochon se déchaîne
Contre le saint du désert.

Le diable aussi.

Le crapaud

Dans l'eau sale de la vérité
Croupissent
Les purulents crapauds.

Dans l'eau noire des marécages
Le crapaud flamboyant
Sonne comme une douce lyre.

Dans l'eau noire des étangs
Le crapaud venimeux
Coasse un chant d'ivresse.

Sa mélodie envoûtante
Contamine les hommes.

Le crabe

Le monde est une mer abondante
Et sans fond.

Une mer pleine
De poissons multicolores.

Une mer pleine
De crabes scintillants.

Avec les filets
On remonte
Les poissons multicolores
Et les crabes scintillants.

Avec les mêmes filets
On pêche aussi
Les hommes.

L'éléphant

Zarathoustra ne croit
Qu'à un dieu qui sait danser.

Comment l'éléphant
Pourrait-il danser ?

Animal lourd
Pied bot de naissance
L'éléphant
Ne saurait se tenir sur la tête.

Mais :
Mieux vaut danser comme un éléphant
Que pas danser du tout.

La fourmi

Petites vertus
Petites prudences
Petits grains de sable.

Fourmillement des fourmis.

Misérable contentement de soi.

La grenouille

Petites sentences
Petites vérités
Des grenouilles visqueuses.

Leur sagesse
Sent le marécage.

Elles vivent
En compagnie des crapauds.

Elles se gonflent
Elles enflent
Elles éclatent
Pleines de vent.

Zarathoustra
Enfonce une pointe
Dans le ventre des grenouilles.

Le hibou

Un cercueil tombe
Et s'ouvre.

Il libère :
Des grimaces d'enfants
Des rictus d'anges
Des cris de fous
Des papillons énormes

Puis des hiboux.

L'huître

L'intérieur de l'huître :

Rebutant
Flasque
Difficile à saisir.

Comme l'intérieur de l'homme.

Mais :
Elle peut aussi
Contenir une perle.

Les mouches

En bas
Dans la ville
Sur la place publique
Les mouches venimeuses
Piquent et se vengent.

Elles piquent Zarathoustra
Elles se vengent de lui
Elles le mettent en sang
Elles l'épuisent
Elles boivent son sang.

Porteur de vérité et de sagesse
Venu des hauteurs de la montagne
Là où l'air est vif et pur
Il est la mauvaise conscience de son prochain.

Ce qui est grand en lui
Rend les mouches furieuses.

Elles piquent alors.

Elles disent
Qu'elles piquent pour le Bien.

Leurs petites blessures additionnées
Abîment profondément le grand homme.

Zarathoustra n'a pas pour destin
D'être chasse-mouches.

Il quitte la vallée
Et retourne sur les cimes.

Le paon

Le paon déploie sa roue.

Éventail de dentelles
De soie et d'argent.

Tout à sa boue
Tout à son marécage

Le buffle s'en moque.

Le singe

Pour l’homme
Le singe est
Une dérision
Une honte douloureuse.

Une dérision
Une honte douloureuse
Voilà ce que doit être
L’homme
Pour le surhomme.

Autrefois
L’homme était singe.

Maintenant
L’homme est plus singe qu’un singe.

Désormais
Il y a autant du singe à l'homme
Que de l'homme au surhomme.

Le surhomme est sens de la terre
Fidélité à la terre.

Le singe cesse d'être singe
Quand il dit Je.

L'homme cesse d'être homme
Quand il ne dit plus Je.

Le surhomme advient
Quand il dit Oui à tout ce qui advient.

La sangsue

Le cerveau de la sangsue
Conduit le monde.

Marchant au bord d'un marécage
Zarathoustra trébuche
Sur le consciencieux de l'esprit.

Allongé sur le bord du bourbier
Il trempe son bras nu dans la fange.

Dix sangsues incisent sa chair
Le sang coule.

Zarathoustra est le remède
Aux victimes
Des sangsues pâles et souterraines.

La tarentule

Un triangle noir sur le dos
La tarentule prêche l'égalité.

Animal de la vengeance
Elle nomme justice
Sa haine et son aigreur.
La tarentule prêche l'égalité.

Araignée de la jalousie
Elle déteste ce qui est
Fort et puissant.
La tarentule prêche l'égalité.

Bête du ressentiment
Elle calomnie le monde
La vie et la vigueur.
La tarentule prêche l'égalité.

Un triangle noir sur le dos
La tarentule prêche l'égalité.

La vache

Riche parmi les riches
Le mendiant volontaire
A renoncé à la richesse
Pour le bonheur.

Loin des riches
Dont il ne voulait plus

Loin des pauvres
Qui ne l'ont pas voulu

Il a choisi les vaches
Qui lui ont appris le bonheur.

Son école ?
Les montagnes
Les pâturages verts
Les ravins sauvages
Les chemins pierreux.

Le mendiant volontaire aime
Le voisinage des vaches
L'odeur des vaches
L'haleine des vaches
La présence des vaches.

Elles l'écoutent
Le regardent
Secouent la tête en silence.

Sans rien dire
Elles lui ont livré
Le secret de la sagesse
Et celui du bonheur :

S'abstenir de pensées lourdes
Ruminer sagement
Se coucher au soleil.

Le ver de terre

Avant-hier
Du ver de terre au singe.

Hier
Du singe à l'homme.

Aujourd'hui
Du chameau à l'enfant.

Demain
De l'homme au surhomme.

En attendant
Il reste encore beaucoup
De ver de terre en l'homme…

La vipère

Au pied d'un figuier
Fatigué par la chaleur
Zarathoustra dort.

Une vipère le réveille
En le mordant au cou.

La vipère
Reconnaît
Le prophète du surhomme
Elle se tord maladroitement.

Elle veut s'enfuir.
Zarathoustra la retient
Et la remercie
De l'avoir réveillé.

« Ma route est longue »
Lui dit-il.

La vipère lui répond :
« Ta route est courte
Mon poison tue ».

Zarathoustra
Ne saurait mourir
De la piqûre d'une vipère.

Elle s'enroule autour de son cou
Et lui lèche la plaie.

Il faut toujours dire à nos ennemis
Qu'ils nous font du bien.

Deuxième partie

Bêtes surhumaines

L'aigle

Avec le serpent
Animal le plus rusé
L'aigle
Animal le plus fort
Conduit Zarathoustra
Le prophète du surhomme.

Il lui parle.

Avec le serpent
Qui lui parle aussi
L'aigle regarde
Avec amour
Le poète de l'Éternel Retour.

Le serpent
Ventre à terre
Dit le sens de la terre.

L'aigle
Planant dans les airs
Dit le regard surplombant.

L'Ici-bas du serpent
Enseigne l'ici-bas
Et le temps de la terre.

L'En-haut de l'aigle
Enseigne l'en-haut
Et les cercles du temps.

Du temps de la terre.

L'aigle apprend le bonheur
Dans l'épouvante de l'esprit.

L'aigle niche sur les abîmes
Dans le vertige qu'il maîtrise.

L'aigle dévore l'agneau
Dans la jouissance sacrificielle.

L'aigle honore le soleil
Dans la clarté de l'aurore.

L'aigle saisit la lumière
Dans l'innocence du devenir.

L'aigle
Déchire Dieu dans l'homme

Comme il déchire
L'agneau dans l'homme.

Puis
Le déchirant
Il rit.

Le rire de l'aigle
Voilà la félicité.

Félicité de l'aigle
Félicité du poète

Félicité de Zarathoustra.

La colombe

Seules les pensées
Portées sur des pattes de colombe
Dirigent le monde.

À l'heure de Zarathoustra
Vinrent le lion rieur
Et les colombes en essaim.

Lion affirmateur
Et
Colombes de la paix.

Devant sa grotte
Assis sur un rocher
Zarathoustra
Entend le lion rugir doucement.

Il voit voleter l'essaim de colombes.

Les colombes se posent sur son épaule.

Tendres
Elles caressent ses cheveux blancs.

Les colombes voltigent sur le nez du lion.

Tendres
Elles s'amusent de lui.

Étonné
Le lion secoue la tête
Et rit.

Avec ce rire
Vient l'heure de Zarathoustra.

Heure du Grand Midi
Heure sans ombre
Moment de la vérité.

L'affirmation du lion
La paix des colombes
L'affirmation et la paix
La paix dans l'affirmation.

Le lion

En rentrant dans le désert
L'esprit qui fut chameau
Devient lion.

Le lion veut
Conquérir sa liberté
Être le maître de son désert.

Le lion cherche
Son dernier maître
Et son dernier dieu.

Le lion lutte
Contre le grand dragon
Pour abolir le vieux monde.

Le lion dit
« Je veux »
Acte féroce.

Le lion se rend libre
Pour s'octroyer le droit
De créer de nouvelles valeurs.

Le lion dit « non »
Divine négation
Contre le devoir.

Puis
Le temps venu
Le lion
Lèche la main de Zarathoustra
Accompagné par ses colombes.

Le serpent

D'abord :

De gros serpents
Verts et vieux
Venus mourir
Au royaume des morts.

Pas d'oiseaux
Pas d'arbres
Pas d'herbe
Juste
Ces serpents horribles à voir.

Ensuite :

Des serpents à sonnette
Éternelle musique de la méchanceté.

Puis :

Le serpent de Zarathoustra
Ami de l'aigle.

Serpent
Pour la ruse et la prudence.

Aigle
Pour la fierté et l'orgueil.

L'aigle vole dans le ciel
Il tournoie
Fait des cercles
Pousse des cris.

Le serpent
Enroulé autour de son cou
Tournoie
Fait des cercles dans le ciel.

Enfin :

Le gros serpent noir
Entré dans la bouche du berger
Pendant son sommeil.

L'animal noir au fond de sa gorge.

Épouvante et dégoût
Sur le visage du berger.

Zarathoustra tire sur le serpent
Impossible de le sortir.

Zarathoustra crie au berger :
« Mords-le ».

Le berger se lève
Mord la tête du serpent
La crache au loin
Et rit.

Depuis :

Zarathoustra désire ce rire
De qui a tranché le serpent.

Désormais
Incapable de se mordre la queue.

Le taureau

Zarathoustra
Vit un homme supérieur
Semblable à un taureau blanc.

Il souffle devant la charrue
Il mugit devant la charrue.

Son mugissement
Chante la louange
De tout ce qui est terrestre.

Table

Première partie
Bêtes humaines

Deuxième partie

BÊTES SURHUMAINES

DU MÊME AUTEUR

Aux Éditions Galilée

CÉLÉBRATION DU GÉNIE COLÉRIQUE. *Tombeau de Pierre Bourdieu,* 2002.
SPLENDEUR DE LA CATASTROPHE. *La peinture de Vladimir Veličković,* 2002.
LES ICÔNES PAÏENNES. *Variations sur Ernest Pignon-Ernest,* 2003.
LA PHILOSOPHIE FÉROCE. *Exercices anarchistes,* 2004.
ÉPIPHANIES DE LA SÉPARATION. *La peinture de Gilles Aillaud,* 2004.
LA COMMUNAUTÉ PHILOSOPHIQUE. *Manifeste pour l'Université populaire,* 2004.
SUITE À LA COMMUNAUTÉ PHILOSOPHIQUE. *Une machine à porter la voix,* 2006.
TRACES DE FEUX FURIEUX. *La philosophie féroce, II,* 2006.
FIXER DES VERTIGES. *Les photographies de Willy Ronis,* 2007.
LA PENSÉE DE MIDI. *Archéologie d'une gauche libertaire,* 2007.
L'INNOCENCE DU DEVENIR. *La vie de Frédéric Nietzsche,* 2008.
LE SONGE D'EICHMANN. *Un kantien chez les nazis,* 2008.
LE CHIFFRE DE LA PEINTURE. *L'œuvre de Valerio Adami,* 2008.
LES BÛCHERS DE BÉNARÈS. *Cosmos, Éros et Thanatos,* 2008.
LA VITESSE DES SIMULACRES. *Les sculptures de Pollès,* 2008.
LA RELIGION DU POIGNARD. *Éloge de Charlotte Corday,* 2009.
L'APICULTEUR ET LES INDIENS. *La peinture de Gérard Garouste,* 2009.
LE RECOURS AUX FORÊTS. *La tentation de Démocrite,* 2009.
PHILOSOPHER COMME UN CHIEN. *La philosophie féroce, III,* 2010.
LA SAGESSE DES ABEILLES. *Première leçon de Démocrite,* 2012.
VIES & MORT D'UN DANDY. *Construction d'un mythe,* 2012.
LE POSTANARCHISME EXPLIQUÉ À MA GRAND-MÈRE. *Le principe de Gulliver,* 2012.
UN REQUIEM ATHÉE, 2013.
LA CONSTELLATION DE LA BALEINE. *Le songe de Démocrite,* 2013.
AVANT LE SILENCE. *Haïkus d'une année,* 2014.

DANS LA MÊME COLLECTION

Jacques Derrida
Passions

Jacques Derrida
Sauf le nom

Jacques Derrida
Khôra

Jacques Derrida
Mal d'Archive

Philippe Bonnefis
Parfums
Son nom de Bel-Ami

Jean Baudrillard
Fragments
Cool Memories III

Jacques Derrida
Apories

Denis Hollier
Épreuves d'artiste

Jacques Derrida
Le Monolinguisme de l'autre

Jacques Derrida
Cosmopolites de tous les pays, encore un effort!

Philippe Bonnefis
Céline
Le rappel des oiseaux

Jacques Derrida
Adieu
à Emmanuel Lévinas

Jacques Derrida
Demeure
Maurice Blanchot

Jean-François Lyotard
Chambre sourde

Jacques Rancière
La Chair des mots

Jean-François Lyotard
La Confession d'Augustin

Hélène Cixous
Jacques Derrida
Voiles

Philippe Bonnefis
Giono
Le petit pan de mur bleu

Jacques Derrida
Donner la mort

René Major
Au commencement
La vie la mort

Yves Peyré
À hauteur d'oubli

Jacques Derrida
Le Toucher, Jean-Luc Nancy

Jean-Luc Nancy
Le Regard du portrait

Jacques Derrida
Safaa Fathy
Tourner les mots
Au bord d'un film

Jean Baudrillard
Cool Memories IV

Jean-François Lyotard
Misère de la philosophie

Jacques Derrida
États d'âme
de la psychanalyse

Philippe Bonnefis
Pascal Quignard
Son nom seul

Jean-Luc Nancy
L'« il y a » du rapport sexuel

Jacques Derrida
L'Université sans condition

Bernard Stiegler
Aimer, s'aimer, nous aimer.
Du 11 septembre au 21 avril

Bernard Stiegler
Passer à l'acte

Bernard Stiegler
De la misère symbolique
1. L'époque hyperindustrielle

Jean Clair
De immundo
Apophatisme et apocatastase
dans l'art d'aujourd'hui

Jean Baudrillard
Cool Memories V

Bernard Stiegler
De la misère symbolique
2. La catastrophè du sensible

Jacques Monory
Angèle

Mathilde Monnier
Jean-Luc Nancy
Allitérations
Conversations sur la danse

Ginette Michaud
Tenir au secret
(Derrida, Blanchot)

André Gorz
Lettre à D.
Histoire d'un amour

Michel Lagrange
Les Morts
de Sébastien Danger

Sophie Nauleau
La Main d'oublies

Michel Onfray
L'Innocence du devenir
La vie de Frédéric Nietzsche

Yves Bonnefoy
Le Grand Espace

Michel Onfray
Le Songe d'Eichmann

Michel Onfray
Le Recours aux forêts

Claire Nouvet
Enfances Narcisse

Jean-Luc Nancy
Maurice Blanchot
Passion politique

Michel Onfray
La Sagesse des abeilles

Stéphane Sangral
Méandres et Néant

Pierre Bergounioux
Géologies

Michel Onfray
La Constellation de la
baleine

Michel Onfray
Un requiem athée

Stéphane Sangral
Ombre à n dimensions

Michel Onfray
Avant le silence

Michel Onfray
Bestiaire nietzschéen

CET OUVRAGE A ÉTÉ ACHEVÉ
D'IMPRIMER POUR LE
COMPTE DES ÉDITIONS GALILÉE
PAR L'IMPRIMERIE FLOCH
À MAYENNE EN SEPTEMBRE 2014.
NUMÉRO D'IMPRESSION : 86770.
DÉPÔT LÉGAL : SEPTEMBRE 2014.
NUMÉRO D'ÉDITION : 1032.

Code Sodis : 751 009 8

Imprimé en France